Ansiedad

LA GUÍA ESENCIAL PARA PRINCIPIANTES ANSIEDAD

Vuelva a entrenar a su cerebro para terminar con los ataques de pánico, el miedo y la preocupación

Finalmente supere y pare la ansiedad constante, el miedo y la preocupación de su mente

Por **Freddie** Masterson

Para más libros visite:

HMWPublishing.com

Consigua otro libro gratis

Quiero darle las gracias por comprar este libro y ofrecerle otro libro (largo y valioso como este libro), "Errores de salud y de entrenamiento físico que no sabe que está cometiendo", completamente gratis.

Visite el enlace siguiente para registrarse y recibirlo:

www.hmwpublishing.com/gift

En este libro, voy a desglosar los errores más comunes de salud y de entrenamiento físico que probablemente usted esté cometiendo en este momento, y le revelaré cómo puede llegar fácilmente a la mejor forma de su vida.

Además de este valioso regalo, también tendrá la oportunidad de obtener nuestros nuevos libros de forma gratuita, participar en sorteos y recibir otros correos electrónicos de mi parte. De nuevo, visite el enlace para registrarse: www.hmwpublishing.com/gift

Tabla de contenido

Introducción 8
Capítulo 1: ¿CÓMO FUNCIONA LA MENTE ANSIOSA? ..12
Los neurotransmisores y la ansiedad 13
La ansiedad y la activación cerebral 14
La ansiedad y las hormonas 17
Adrenalina/epinefrina 17
La hormona tiroidea 18
Los ataques de pánico y el cerebro 18
Más conexiones 19
El tratamiento de la ansiedad cuando tiene una causa cerebral 20
CAPÍTULO 2: LA NEUROCIENCIA DEL MIEDO 22
¿Qué pasa en su cerebro cuando tiene miedo? 22
¿El miedo es innato o aprendido? 25
¿Cuáles son los principales temores de la gente? 27
CAPÍTULO 3: TRATANDO CON LA ANSIEDAD 30
¿Por qué la ansiedad es tan poderosa? 31
Usando el poder de una mente ansiosa 34
Controle su ansiedad, ¡no permita que la ansiedad le controle! 35
¡Sea paciente! 36
Sólo observe 37
Confíe en su ansiedad 38
Siempre confíe en sí mismo 39
Conozca su ansiedad 41
- A veces, cuanto más tratamos de pelear o cambiar algo solo para sentirnos bien, más permanece igual. La energía que ponemos en eso es agotadora. En este caso, trate de decirse a sí mismo que no debe pensar en los gorilas rosas y ver cómo funciona. 41

- Los pensamientos ansiosos le llevan a un montón de valioso espacio mental e incluso recurren a nuestras emociones, imaginación, concentración y pensamientos. Cuanto más tratamos de controlarlos y darles sentido, más alimentan nuestra ansiedad. 41
- Intente aceptar estar con su ansiedad, sin intentar cambiarla. Aceptar sus pensamientos y sentimientos de ansiedad no los hace más fuertes o que se queden más tiempo. De hecho, paran cuando deja de alimentarlos con su energía. 42

Limpie su filtro...................43
Acepte la incertidumbre...................45
CAPÍTULO 4: CÓMO CONSEGUIR EL ALIVIO DE LA PREOCUPACIÓN, LA ANSIEDAD Y EL MIEDO 48
¿Por qué es difícil dejar de preocuparse?...............49
Regla# 1 - Crea un tiempo de preocupación...........51
¿Por qué detener los pensamientos no funciona? 52
Cómo posponer la preocupación 53
Revise su lista de preocupaciones 54
Regla # 2 - ¿Es el problema solucionable? 55
Tratando con las preocupaciones difíciles..............58
Abrace sus sentimientos...................60
Regla # 3: Desafíe sus pensamientos ansiosos 61
Cuestione el pensamiento ansioso 63
Las distorsiones cognitivas que agregan más a la ansiedad, el estrés y la preocupación...................64
Pensamiento de todo-o-nada 64
Exceso de generalización...................64
El filtro mental 65
Disminuyendo lo positivo 65
Catastrofismo...................66
Razonamiento emocional 66
Etiquetado 66
Debería y no debería...................67

Personalización 67
Regla # 4 - Acepte la incertidumbre 67
Acepte la incertidumbre 69
Regla # 5 - Sea consciente de los demás 70
Mantenga un diario de preocupaciones 71
Pase menos tiempo con aquellos que le traen ansiedad 71
Elija con cuidado a las personas en las que confía....72
Regla # 6 - Ejercite su atención plena 73
Reconozca y observe 74
Manténgase enfocado en el presente 75
CAPÍTULO 5: ALIMENTOS PARA AYUDARLE A VENCER LA ANSIEDAD..76

Involucrar a los alimentos ricos en ácidos grasos Omega-3...77
Incluya una cantidad saludable de carbohidratos complejos..78
Opte por el té de manzanilla 79
Los alimentos para el consumidor con alto contenido de triptófano..79
Coma alimentos ricos en vitamina B............................80
Incorpore proteína en su desayuno..............................81
Este hidratado 82
Las comidas que se deben evitar 82
Reduzca la cantidad de grasas Omega-6 83
Evite el alcohol 83
Reduzca la cafeína 85
Evite los carbohidratos simples y los azúcares 86
Maneje las sensibilidades de los alimentos 86
Incorpore otras actividades para controlar su ansiedad de forma natural..87
Tome suplementos 87
El ejercicio 89
Consejos de ejercicios para el clima frío 92
Duerma lo suficiente..96

Visite a su médico 97
Conclusión 99
Últimas palabras 101
Sobre el co-autor 103
Consigua otro libro gratis 106

Introducción

Sería sorprendente saber que el cerebro es la fuente de la ansiedad. No solo es que la ansiedad se manifiesta en cosas que cruzan la mente, sino que también afecta la química del cerebro de tal manera que puede alterar los pensamientos futuros y, por lo tanto, influir en la forma en que opera el cuerpo.

Como usted sabe, la ansiedad puede ser un trastorno preocupante. Puede sentir síntomas físicos a pesar de que no se sienta ansioso. Eso puede hacer que actúe sobre los acontecimientos de la vida, ya que se refuerza en su comportamiento.

Este libro, "La ansiedad: Guía esencial para volver a entrenar a su cerebro ansioso y poner fin a los ataques de pánico" le guiará con lo siguiente:

✓ Cómo controlar su mente consciente.

✓ Manejar y controlar los ataques de pánico, la ansiedad, las preocupaciones y el estrés.

✓ Comprender cómo un estilo de vida dietético adecuado puede ayudarle a combatir la ansiedad.

Además, este libro atiende la necesidad de individuos que son propensos a ataques de ansiedad debido a la naturaleza de su trabajo, una experiencia traumática previa, especialmente durante la niñez, y personas que tienen un desorden psicológico que indica un cociente emocional más bajo (EQ).

Además, antes de comenzar, le recomiendo que se una a **nuestro** boletín informativo por correo electrónico **para** recibir actualizaciones sobre cualquier próxima publicación o promoción de un nuevo libro. Puede registrarse de forma gratuita y, como bonificación, recibirá un regalo gratis. ¡Nuestro libro "Errores de salud y de entrenamiento físico que no sabe que está cometiendo"! Este libro ha sido escrito para desmitificar, exponer lo que se debe y no se debe hacer y, finalmente, equiparle con la información que necesita para estar en la mejor forma de su vida. Debido a la cantidad de información errónea y mentiras contadas por las revistas y los autoproclamados "gurús", cada vez es más difícil obtener información confiable para ponerse en forma. A diferencia de tener que pasar por docenas de fuentes parciales y poco fiables para obtener su información de salud y estado físico. Todo lo que necesita para ayudarle se ha desglosado en este libro para que pueda seguirlo fácilmente y obtener resultados inmediatos para alcanzar sus objetivos de actividad física deseados en el menor tiempo posible.

Una vez más, para unirse a nuestro boletín gratuito por correo electrónico y recibir una copia gratuita de este valioso libro, visite el enlace y regístrese ahora: www.hmwpublishing.com/gift

Capítulo 1: ¿CÓMO FUNCIONA LA MENTE ANSIOSA?

La ansiedad puede ocurrir en cualquier momento en el curso de una vida, y puede forjarse a lo largo de los años de experiencia; sin embargo, algunas personas nacen con un desequilibrio anormal en la generación de ciertos neurotransmisores, que es una sustancia que controla funciones corporales específicas y aspectos emocionales. Independientemente de si su ADN es propenso a los trastornos de ansiedad, es esencial saber que es curable.

Los neurotransmisores y la ansiedad

Dentro del cuerpo humano, tenemos estas sustancias químicas que envían mensajes a nuestro cerebro sobre cómo percibimos las cosas. Estos transmisores están relacionados con la ansiedad debido a cambios hormonales, como serotonina, GABA y norepinefrina. Incluso la dopamina juega un papel vital ya que proporciona un efecto calmante sobre aquellos que sufren de síntomas de ansiedad

La causa y el efecto de la producción de neurotransmisores son difíciles de determinar, y a menudo es imposible distinguir un equilibrio de neurotransmisores pobre resultante de la experiencia de vida y un equilibrio de neurotransmisores como resultado de la genética. Ambos pueden ocurrir en una persona que vive con ansiedad, y hay algunos casos en que ambos pueden ser responsables de los síntomas de ansiedad.

La ansiedad y la activación cerebral

El trastorno de ansiedad consiste en dos partes diferentes, y es posible que un individuo con ansiedad pueda verse afectado por una o ambas partes.

Para la primera parte, hay pensamientos mentales/nerviosos y preocupaciones verbales. La otra parte es física, como lo manifiesta un latido acelerado, un aturdimiento, ataques de pánico, sudoración y otros signos físicos.

Los investigadores han descubierto que las personas con pensamientos de ansiedad han mostrado más actividad en el cerebro izquierdo cada vez que se sentían nerviosos, mientras que aquellos que han expresado síntomas físicos han demostrado actividad en el cerebro derecho.

Un estudio reciente de investigación de aracnofobia ha monitoreado y analizado la reacción de los participantes que "se auto identificaron" como personas que experimentaban ansiedad por arañas, ya que esperaban enfrentar su miedo con la exposición directa al insecto. Se encontró en los resultados del estudio que para ciertos individuos su corteza cingulada anterior dorsal (CCA), tálamo e ínsula se volvieron más activos que aquellos que no habían expresado una respuesta temerosa a la idea de enfrentarse a una araña real.

Otro estudio realizado por la Universidad de Wisconsin-Madison también descubrió que las personas con trastorno de ansiedad generalizada parecían tener una conexión más débil entre la sustancia blanca del cerebro y el córtex prefrontal y anterior del cerebro. En comparación con aquellos sin trastorno de ansiedad generalizada en los que el resultado parecía ser más significativo.

Lo siguiente explicará las diferentes formas en que la ansiedad puede activar el cerebro.

La ansiedad y las hormonas

Un desequilibrio hormonal puede conducir a la ansiedad que también puede afectar la química del cerebro, así como la producción de los neurotransmisores y el equilibrio emocional general. Por lo tanto, sí parece haber un desequilibrio en las hormonas, puede surgir ansiedad. Como tal, analizaremos a continuación las hormonas que pueden afectar significativamente al cerebro.

Adrenalina / epinefrina

Esta hormona se considera una de las causas más comunes de la ansiedad. Esta hormona se libera una vez que la persona está en modo de lucha o huida. Puede contribuir a un aumento en la frecuencia cardíaca, las tensiones musculares y mucho más. En otros casos, la ansiedad y el estrés a largo plazo pueden dañar su capacidad para controlar la adrenalina y, por lo tanto, agregar más síntomas de ansiedad.

La hormona tiroidea

Las hormonas tiroideas regulan la producción de Gamma-aminobutírico (GABA), serotonina y norepinefrina y las distribuyen al cerebro. Por lo tanto, una tiroides hiperactiva puede aumentar el riesgo de desarrollar ansiedad. Varias hormonas pueden causar estrés y cualquier cambio en la química del cerebro puede aumentar la producción de hormonas, lo que podría provocar más síntomas de ansiedad.

Los ataques de pánico y el cerebro

Los estudios confirman que aquellos con ataques de pánico tienen las amígdalas hiperactivas. Aunque no está claro qué causa esta sobreactividad, el hecho sigue siendo que esa área en particular en el cerebro tiene el control de la experiencia del ataque de pánico.

Más conexiones

Los estudios divulgaron que cuando la ansiedad no se trata, la corteza prefrontal dorsomedial, el hipocampo, el cíngulo anterior, la corteza prefrontal dorsolateral y la corteza orbitofrontal parecen disminuir de tamaño. Por lo tanto, cuanto más tiempo su ansiedad se deja sin tratar, más pequeños y débiles se vuelven.

Lo que es interesante es el hecho de que estos cambios no solo afectan los síntomas de ansiedad, sino que también crean pensamientos de ansiedad. Las personas que sufren de ansiedad suponen que su forma de pensar demasiado en situaciones de análisis excesivo es puramente natural, pero en realidad, el cerebro contribuye a ese tipo de pensamiento negativo.

El tratamiento de la ansiedad cuando tiene una causa cerebral

También es común que las personas que están pasando por un momento difícil con un trastorno de ansiedad se sientan deprimidas como resultado de la forma en que la ansiedad interfiere con sus vidas. Sin embargo, con el tratamiento adecuado, el cerebro humano es increíblemente adaptable, ya que puede responder positivamente para superar las preocupaciones y los pensamientos negativos.

Hay muchos caminos para superar el estrés y recuperar su vida como ser consistente y tener paciencia. Usar las herramientas de relajación adecuadas le permitirá controlar su ansiedad.

CAPÍTULO 2: LA NEUROCIENCIA DEL MIEDO

Usted puede disfrutar ver películas de terror: apocalipsis de zombies, misterios de asesinatos, aventuras de acción y suspenso. Pero, ¿qué le hace ver estas películas de terror cuando sabe que le hará sentir miedo?

¿Qué pasa en su cerebro cuando tiene miedo?

Cada vez que está expuesto a situaciones de miedo, automáticamente está activando su respuesta de lucha o huida. Es en este estado que su cuerpo produce hormonas de adrenalina que pueden darle fuerza sobrenatural. De lo contrario, no sería posible en una situación típica.

En 2008, La Revista de Neurología publicó que inundar el cerebro con dopamina también afecta comportamientos sugestivos de miedo y paranoia en ratas. Dado que la dopamina también se asocia con el placer, cuando esta hormona se libera en escenarios de miedo junto con la llamada "fiebre de adrenalina y endorfinas", puede provocar una sensación elevada o alta. Algunas personas disfrutan de este tipo de sensación.

A la mayoría de las personas no les gusta pasar por situaciones aterradoras. Cuando estamos viendo suspenso y películas de terror, nuestro cerebro procesa rápidamente la información transmitida y percibe que la amenaza no es real. Entonces, cuando nuestros sentidos desencadenan una respuesta de miedo, como si nos tiraran de nuestros asientos en un viaje divertido, nuestro cerebro reconoce inmediatamente que no existe un peligro real, sino que estamos en una situación segura.

Aunque los psicólogos no fueron capaces de identificar un centro de miedo en el cerebro, la amígdala que se encuentra entre los lóbulos temporales es de alguna manera responsable de procesar situaciones de miedo o amenazas. Se considera que los animales con la amígdala dañada son más dóciles y muestran menos respuestas de lucha o huida. Cuando se introducen amenazas, se observa una actividad neuronal en la amígdala humana, junto con un aumento en la frecuencia cardíaca.

En 1995, un estudio en La Revista de Neurociencia respaldó el hecho de exponer el papel dominante desempeñado por la amígdala en la respuesta al miedo. Se realizó un estudio de una mujer, simplemente llamado "SM", con un raro trastorno genético, "Urbach-Wiethe", una enfermedad que causó la contracción y calcificación de su amígdala. Como se observó, SM no mostró signos de temor y pudo no reconocer la expresión de miedo en situaciones de miedo cotidianas, incluso cuando está rodeado de víboras mortales.

¿El miedo es innato o aprendido?

Algunos miedos son innatos, como el miedo a su primera actuación ante una gran audiencia, aunque sabe que puede actuar bien. Sin embargo, usted debe actuar ante un público más pequeño. Dependemos del miedo a la supervivencia, o de lo contrario, estaríamos condicionados a temer cosas que no asustan.

En los resultados del experimento llamado "Little Albert", un famoso experimento de condicionamiento emocional de 1920, se descubrió que el miedo se puede aprender. Un bebé de 9 meses llamado Albert estaba condicionado a temer objetos peludos de la misma manera que Pavlov experimentó con perros.

En este experimento, Albert estuvo expuesto a animales y objetos peludos. Los experimentadores le daban al niño una rata blanca para jugar, que el bebé disfrutaba. En este punto, Albert no mostró ninguna reacción desagradable hacia el animal. Después de tener éxito en múltiples pruebas, los experimentadores golpearon una barra de acero suspendida con un martillo, causando un fuerte ruido cuando Albert intentaría tocar a la rata. El acto se repitió varias veces hasta que los animales y objetos que una vez fueron fuente de alegría y curiosidad se convirtieron en un disparador de miedo para el bebé. Eventualmente desarrolló un miedo a todos los objetos peludos incluyendo abrigos de pieles, un conejo e incluso la máscara barbuda de Santa Claus para el niño.

Nuestros miedos también pueden depender de experiencias previas durante nuestra infancia, particularmente aquellas que fueron traumáticas. Por ejemplo, las mordeduras y ataques de perros son eventos traumáticos y pueden tener consecuencias emocionales que pueden afectar a las víctimas durante años.

Cada vez que nuestra emoción es alta, los químicos en nuestro cerebro trabajan para fortalecer los recuerdos de la situación.

¿Cuáles son los principales temores de la gente?

Una encuesta de 2001 realizada por Gallup entre 1.000 adultos estadounidenses reveló que aproximadamente el 51% de los participantes temen a las serpientes junto con hablar en público, las alturas, los espacios encerrados, etc. Las respuestas mostraron que las mujeres tienen más probabilidades de tener miedo de los reptiles e insectos, mientras que los hombres son más temeroso de ir al doctor.

Una encuesta de fuentes múltiples realizada por Yahoo de 20,000 voluntarios encontró un resultado ligeramente diferente en 2015. Las tres phobias principales pasaron al miedo a la altura (acrofobia), el miedo a las arañas (aracnofobia) y el miedo a espaciamientos cerrados (claustrofobia). Otros miedos incluidos en las diez primeras phobias son:

- Miedo a las aguas profundas (thalassophobia)
- Miedo a hablar en público (glossofobia)
- Miedo a las agujas (tripanophobia)
- Miedo a las mariposas (Lepidopterofobia)

- Miedo a objetos con patrones irregulares de agujeros (Trypanophobia)

CAPÍTULO 3: TRATANDO CON LA ANSIEDAD

Los pensamientos ansiosos pueden ser poderosos. De hecho, usted puede superar y potenciar su lógica y razonamiento. Entonces, ¿qué pasa si puede utilizar el poder de esta potente mente y aprovechar su fuerza y para trabajar para sí mismo y no contra sí mismo?

En el nivel más básico, la ansiedad es una emoción. Puede ser bastante impactante, pero el miedo y la ansiedad son emociones importantes. Cuando se trata de la supervivencia humana, la ansiedad y el miedo nos motivan a tomar las medidas necesarias. Por lo tanto, el cuerpo reacciona al instante produciendo hormonas de adrenalina que nos hacen actuar más rápido.

Sin embargo, sabemos que cualquier exceso casi siempre es malo para la salud. Entonces, cuando el cerebro se vuelve hipersensible, el cuerpo se pone en un nivel de alerta alto, incluso cuando no hay nada que alarmar. Por lo tanto, cómo nuestro cuerpo responde al trastorno de ansiedad no tiene ningún propósito útil. Esto se llama una falsa alarma.

¿Por qué la ansiedad es tan poderosa?

Se supone que la ansiedad nos mantiene a salvo. Es una respuesta de llamada a acción de lucha o huida cuando estamos en presencia de un peligro inmediato, ya que nuestro cuerpo automáticamente comenzará a prepararnos para atacar la amenaza o escapar del peligro. Como la ansiedad es automática e instintiva, la capacidad de realizar las acciones necesarias puede garantizar nuestra supervivencia, pero en alguna situación, puede causarnos graves perjuicios. Cuando nos volvemos excesivamente ansiosos, nuestra mente a menudo adopta la forma de una preocupación improductiva. Por otra parte, los pensamientos intrusos y la preocupación en este sentido representan un intento fallido de controlar el peligro en cuestión. Entonces, comenzamos a experimentar angustia por no tomar la acción adecuada. Entonces caemos en este círculo vicioso de la ansiedad.

Como aprendimos anteriormente, sabemos que la ansiedad se basa en la realidad de una situación, pero puede terminar saboteando lo que la persona necesita lograr. A veces, la ansiedad puede surgir, lo que a otros les parece desproporcionado a la situación real. Por el contrario, la ansiedad puede desempeñar un papel necesario para la supervivencia y el funcionamiento óptimo, que es cómo se hacen las cosas respondiendo a ella. Si aprendemos cómo dominar nuestra mente; la "buena ansiedad" puede beneficiarnos rectificando o mejorando ciertas situaciones.

Con la práctica constante, hay algunos aspectos de la ansiedad que usted puede utilizar para encontrar la calma en medio de la turbulencia. Cambiar la mentalidad implica pequeños pasos modelados. El camino hacia la recuperación puede ser largo y difícil, pero es más probable que experimente cambios significativos que alteren la vida como resultado de las habilidades que pondrá en práctica todos los días. Tenga en cuenta que su mente se ha utilizado para reflejar de cierta manera y puede tomar un tiempo antes de que pueda romper estos hábitos.

No intente tomar medidas drásticas de una vez, ya que solo hará que se rinde. Tome un paso a la vez y durante un tiempo corto: pasos pequeños pero importantes. Recuerde, cada vez que se encuentre fuera de su zona de confort, se sentirá ansioso. ¡Entonces, sea amable consigo mismo!

Usando el poder de una mente ansiosa

Cuando la ansiedad es el poder de la mente en contra de la mente, usted puede usarla como su mayor activo en lugar de un obstáculo. De hecho, la mayoría de las veces la ansiedad significa que algo bueno está sucediendo y que se está moviendo a través de nuevos desafíos. ¿Qué es lo que construye su confianza? La respuesta es simple: la realización. Su mente es poderosa, úsela para su ventaja. No pierda el tiempo mirando una vida "segura" y "cómoda". No se arrepentirá de las cosas que hace en la vida como de las cosas que NO hace.

Controle su ansiedad, ¡no permita que la ansiedad le controle!

Esté donde quiera y no adonde la ansiedad quiera llevarle.

La ansiedad usa una colección sólida de las palabras "¿Qué pasaría si?" y de "Quizás".

Intente anclarse abriendo sus sentidos. Sea consciente de sus sentidos. ¿De qué tiene más miedo realmente? Una gran herramienta es volver a los recuerdos de cuando se sintió realmente ansioso por un nuevo elemento de su vida. ¿Cómo ocurrieron las cosas? Lo más probable es que todo haya ido bien, y es muy útil recordarse esto. Siéntese cómodo con lo que está sucediendo actualmente en lugar de anticipar lo que podría pasar. Si se siente incómodo, limite el tiempo; dedique todo el tiempo que necesite para explorar y experimentar las cosas tal como están en el presente.

Mientras hace esto, está fortaleciendo su habilidad de alejar sus pensamientos ansiosos para vivir en el momento. Participe en este ejercicio consciente todos los días durante el tiempo que pueda; cuanto más, mejor. El resultado final aquí es seguir ejercitando su mente hacia el pensamiento positivo. Tal experiencia es saludable y su cerebro seguramente la apreciará.

¡Sea paciente!

Los pensamientos y las emociones van y vienen. Ninguno de estos quedan para siempre, así que siempre recuerde que no importa cómo se siente en un momento específico o lo que viene a su mente siempre vendrá.

Experimente la presencia de estar completamente presente sin sentir la necesidad de alejar sus pensamientos y emociones. No importa cuán fuertes parecen ser estos pensamientos y sentimientos, usted siempre es más poderoso y más fuerte que cualquiera de estos. Usted siempre es más resistente, así que no los apure mientras pase. En cambio, déjelos permanecer más tiempo para que pueda observarlos y darse cuenta de su propósito en su vida. Una vez que lo haga, pasarán rápidamente.

Sólo observe

Profundizar en su pensamiento ansioso es una pérdida de tiempo y fuerza. Usted tiene que separarse de sus pensamientos ansiosos tomando el tiempo para autoanalizar su exceso de pensamiento a través de situaciones de miedo. Cuando entienda las cosas que le aterrorizan, podrá encontrar las fuentes de los miedos.

Para ilustrar esto, imagine que está en medio de una tormenta. En lugar de tratar de controlar la dirección del viento poderoso lejos de usted, puede imaginarse mirando la tormenta a través de una ventana y sabiendo que pronto pasará.

Confíe en su ansiedad

Su fuerte conciencia y mente reflexiva tratarán de poner estos sentimientos de ansiedad y ponerlos en contexto porque tener la idea de que no están unidos a nada puede hacer que se sienta peor.

Es posible que se sienta estresado por las cosas que causan sus preocupaciones, que es común en la ansiedad. Comience a pensar si es una señal de protegerse de algo malo que podría suceder.

Practique calmarse tomando una respiración profunda en el momento que surja su ansiedad. No es fácil, pero a medida que lo haga, pronto será capaz de dominar sus pensamientos y no creer el mensaje que la ansiedad trae a sus emociones.

La ansiedad viene como una advertencia y no como una predicción. Necesita sentir la seguridad de lo que eso significa para usted.

Siempre confíe en sí mismo

Confíe en que, pase lo que pase, usted está a cargo de sus emociones. Usted tiene que seguir adelante mirando lo que puede experimentar a partir de esto.

Como dije antes, es un proceso de aprendizaje que se hace con el tiempo.

La causa subyacente de la ansiedad, la preocupación y el estrés es el temor de no poder enfrentarla. Sin embargo, no se subestime a sí mismo.

Usted es fuerte e ingenioso, por lo que siempre se enfrentará a cualquier cosa que se le arroje. Esto ha sucedido muchas veces antes, y usted ha demostrado que es capaz de hacer frente a cualquier cosa: el rechazo o tomar decisiones equivocadas. Solo es cuestión de aceptarlos y dejarlos ir. Sucedió en el pasado, pero aún así, usted fue capaz de seguir adelante.

Conozca su ansiedad

- A veces, cuanto más tratamos de pelear o cambiar algo solo para sentirnos bien, más permanece igual. La energía que ponemos en eso es agotadora. En este caso, trate de decirse a sí mismo que no debe pensar en los gorilas rosas y ver cómo funciona.

- Los pensamientos ansiosos le llevan a un montón de valioso espacio mental e incluso recurren a nuestras emociones, imaginación, concentración y pensamientos. Cuanto más tratamos de controlarlos y darles sentido, más alimentan nuestra ansiedad.

- Intente aceptar estar con su ansiedad, sin intentar cambiarla. Aceptar sus pensamientos y sentimientos de ansiedad no los hace más fuertes o que se queden más tiempo. De hecho, paran cuando deja de alimentarlos con su energía.

En qué se enfoca se vuelve potente. Así que cuanto más se concentre en algo, más crece y florece para expandirse. Por lo tanto, trate de evitar la ansiedad. Sin forzar su ansiedad para que se vaya, lo comprenderá y podrá enfrentarlo.

Haga ejercicio aceptando sus sentimientos tal como están por unos dos minutos. Esto no es fácil pero es poderoso. Comience con pequeños trozos y avance desde allí. Si puede trabajar en ello por más de 10 minutos (sentado con sus pensamientos ansiosos como si fueran algo natural), entonces será mejor para usted. Después de unos minutos, présteles toda su atención y trate de transformarlos en otra cosa. Vea cómo se siente cuando esté listo y trabaje en ello más tiempo.

Limpie su filtro

Las experiencias del pasado y los mensajes tienen su forma de cambiar el filtro a través de cómo vemos la vida. Así es como funciona para nosotros, independientemente de la presencia de ansiedad en nuestra vida.

Trate de ver momentos y experiencias como si ocurrieran por primera vez en su vida, incluso cuando los haya experimentado demasiadas veces en el pasado y, sin embargo, nada será exactamente como lo que está enfrentando en el momento presente. Observe la diferencia entre lo que está sucediendo ahora y lo que sucedió antes.

Cada vez que lo experimenta, usted cambia para mejor: usted es más valiente, sabio, fuerte y capaz de manejar su ansiedad, aunque hay veces en que está más ansioso y más preocupado.

¡Abra las nuevas posibilidades que vienen con esta nueva experiencia porque es lo que es, una experiencia completamente nueva!

Digamos que tiene una ruptura dolorosa con una relación a largo plazo. Es muy difícil volver a abrir su corazón en una nueva relación. Una nueva relación con una nueva persona puede parecer demasiado riesgosa para usted y esto es comprensible.

Para usted, mantenerse alejado y evitar a la gente es una medida que le mantendrá a salvo y seguro. Pero de alguna manera, esto le alejará de las posibilidades que están esperando que los encuentre. El crecimiento puede ocurrir cuando elegimos abrirnos a lo que viene en lugar de evitar nuevas experiencias solo porque nos afecta mucho lo que sucedió en el pasado.

Acepte la incertidumbre

La ansiedad puede causar un gran revuelo porque el futuro siempre es incierto. No todas las cosas pueden ir de acuerdo con el plan y cuanto más tratamos de controlar cada situación, más debemos darnos cuenta de que tenemos poco control sobre ella.

Intente dejar de lado la necesidad de estar seguro todo el tiempo, incluso por un momento. Aunque esto puede ser difícil de aceptar, especialmente para las personas que son fanáticos del control, debe comenzar a rendirse ante la incertidumbre. Experimente al intentar dejar de lado la necesidad de controlar el momento presente, el pasado o el futuro, y esto incluye controlar a las personas que lo rodean. Si puede apoyarse en su incertidumbre y tomarse el tiempo para tolerarlo, tendrá menos control sobre usted.

Al experimentar constantemente con las diferentes estrategias, pronto dominará su ansiedad. Sus primeros intentos no traerán muchos cambios, ya que son como gotas de agua en un cubo. Las cosas no se notarán al principio, pero a medida que continúe usándolas regularmente, con el tiempo, podrá tener más capacidad para aprovechar la fuerza de su mente para que funcione más a su favor.

Pronto se dará cuenta y comprenderá que siempre tendrá lo que se necesite y que sus pensamientos y sentimientos ansiosos simplemente pasarán como un día de mal tiempo.

CAPÍTULO 4: CÓMO CONSEGUIR EL ALIVIO DE LA PREOCUPACIÓN, LA ANSIEDAD Y EL MIEDO

La preocupación puede ser útil cuando le estimula a actuar y resolver un problema. Cuando usted está preocupado por los escenarios "qué pasaría si" y "el peor de los casos", esto puede convertirse en un problema. Las dudas y los miedos constantes pueden ser paralizantes. Pueden minar su energía emocional, elevar sus niveles de ansiedad e interferir con su vida diaria. Sin embargo, la preocupación crónica es un hábito mental que puede ser destruido y transformado en algo útil. Puede entrenar a su cerebro para mantener la calma y observar la vida desde una perspectiva más positiva.

¿Por qué es difícil dejar de preocuparse?

La preocupación nunca es una actividad agradable, entonces ¿por qué alguien no dejaría de preocuparse? La respuesta a esto se encuentra en la creencia de que tiene que preocuparse.

Si cree que la preocupación constante hará que su ansiedad esté completamente fuera de control, dañe su salud o le vuelva loco, todo esto se sumará a sus preocupaciones y le mantendrá lejos. Es como cuando le preocupa dormir, más se mantiene despierto.

Cuando se preocupa por qué no puede dormir, esto le mantiene más despierto. Las mismas cosas funcionan con preocuparse demasiado por sus preocupaciones. Por el contrario, en el lado positivo, puede creer que las cosas positivas le ayudan a evitar las cosas malas. Sin embargo, las creencias positivas sobre la preocupación pueden incluso resultar en más daño, ya que es difícil dejar el hábito de preocuparse si cree que puede ayudarle. Para detener la preocupación, abandone su creencia de que preocuparse tiene un propósito positivo.

Es difícil parar el hábito de la preocupación una vez que cree en él. De alguna manera debe darse cuenta de que preocuparse es el problema y no la solución para recuperar el control de su mente ansiosa.

Regla# 1 - Crea un tiempo de preocupación

Es difícil ser productivo en su vida diaria cuando los problemas y las preocupaciones dominan su mente. Entonces, ¿qué debe hacer?

Decirse a sí mismo de no preocuparse no funciona la mayor parte del tiempo; si funciona, no durará mucho. Usted puede distraer su mente de estos pensamientos ansiosos por un momento, pero no por mucho tiempo. No puede eliminar esos pensamientos y sentimientos ansiosos para siempre. Cuando hace esto, incluso los haces más fuertes y más persistentes.

Prueba esto por sí mismo. Cierre los ojos por un momento e intente imaginarse un gorila rosado. Una vez que vea el gorila rosado aparecer en sus pensamientos, deje de pensar en lo que va a hacer en la próxima hora. ¡No piense en este gorila rosa! ¿Pero cómo puede hacerlo cuando sigue apareciendo en su mente?

¿Por qué detener los pensamientos no funciona?

Cuando usted trata de detener estos pensamientos, se vuelven contraproducentes porque su mente le obliga a enfocar su atención en el mismo pensamiento que desea descartar. Sin embargo, eso no significa que la ansiedad sea incontrolable. Puede controlar la ansiedad usando un enfoque diferente. En lugar de tratar de deshacerse de sus pensamientos ansiosos, trate de pensar en ellos por más tiempo, pero no deje que los pensamientos le afecten.

Cómo posponer la preocupación

Crea un "período de preocupación". Establezca un momento y lugar para enfocarse en sus preocupaciones. Debe convertirse en un horario de rutina. Por ejemplo, elija preocuparse en su habitación, digamos entre las 3: pm a las 3: 20 pm. Cuanto antes, mejor, para que no tenga que estar ansioso durante la cena o antes de dormir. Durante este tiempo establecido para sus preocupaciones, puede pensar en todas las preocupaciones encerradas en su mente. ¡Pero por el resto del día, asegúrese de que no tenga otras preocupaciones!

Cuando la ansiedad aparezca fuera del tiempo de preocupación, simplemente tome nota de ello, déjela a un lado y continúe con su día. Recuérdese que tiene un tiempo específico reservado para esto solo. Entonces no hay necesidad de preocuparse por ello en el momento presente.

Revise su lista de preocupaciones

Cuando llegue su momento de preocupación, revise su lista de pensamientos que le han estado preocupando. Si los pensamientos le siguen molestando, entonces déjese lidiar con esas preocupaciones, pero solo por el tiempo asignado para ello. Si los pensamientos de ansiedad ya no parecen importantes, reduzca su período de preocupación para poder disfrutar del resto del día.

Posponer la preocupación es, por lo tanto, efectivo ya que rompe los hábitos de pensar en preocupaciones cuando tiene otras cosas que hacer. No reprima o juzgue el pensamiento ansioso, sino que lo posponga para un momento posterior. A medida que desarrolla la capacidad de posponer su mente ansiosa, pronto se dará cuenta de que tiene más control sobre ellos de lo que cree.

Regla # 2 - ¿Es el problema solucionable?

Intente preguntarse si el problema es solvente. Según la investigación, mientras se preocupa, es probable que se sienta temporalmente ansioso. Mientras piensa en el problema, se distrae de sus emociones y le hace sentir que ha logrado algo. Sin embargo, sabemos que preocuparse y resolver problemas son dos cosas diferentes.

Mientras estamos en la resolución de problemas, estamos tratando de evaluar una situación y llegar a soluciones concretas y luego poner el plan en acción. Esto rara vez conduce a una solución. No importa cuánto tiempo dedique pensando en los peores escenarios posibles, se dará cuenta de que aún está preparado para ellos cuando lleguen.

Usted tiene que distinguir qué preocupaciones son solucionables y cuáles no.

Una vez que aparece una preocupación en su mente, puede preguntarse si ese problema es algo que puede resolver. Las siguientes preguntas pueden guiarle.

- ¿Es solo imaginario?
- ¿Es el problema algo que está enfrentando en el momento presente o solo imaginario?
- Si el problema es imaginario, ¿qué pasa, qué tan probable es que suceda? ¿Es su preocupación realista?

- ¿El problema se puede resolver o está fuera de su control?

Las preocupaciones solucionables son aquellas en las que puede actuar de inmediato. Por ejemplo, si le preocupan sus facturas, entonces la mejor solución es llamar a sus acreedores y preguntar sobre una opción de pago flexible. Por otro lado, las preocupaciones irresolubles son aquellas en las que no puede hacer algo, como, ¿qué pasa si adquiere una enfermedad mortal algún día?

Cuando surjan preocupaciones solucionables, entonces podrá hacer una lluvia de ideas sobre ellas. Haga una lista de todas las soluciones posibles que puede imaginar, pero trate de no demorarse demasiado en ellas buscando la solución perfecta. Intente centrarse en las cosas que puede cambiar, en lugar de en las circunstancias o realidades que están fuera de su control.

Después de evaluar todas las opciones posibles, haga un plan de acción. Para iniciar su plan, haga algo acerca del problema y estará mucho menos preocupado.

Tratando con las preocupaciones difíciles

Cuando usted es un preocupado crónico, la gran parte de sus preocupaciones parece ser insoluble. La preocupación le ayuda a mantener sus pensamientos ocupados y preocupados en lugar de permitirle estar preocupado con las emociones subyacentes. Pero aún así, no puede salirse con sus emociones ansiosas.

Mientras atiende todas esas preocupaciones, sus sentimientos son temporalmente bloqueados y reprimidos. Sin embargo, tan pronto como deje de preocuparse, todos se recuperan. Y luego comienza a preocuparse por lo que siente:"¿qué pasa? ¿porqué me siento así?"

Pero, ¿y si la preocupación no es algo que pueda resolver? Si usted es un paciente crónico, la gran mayoría de sus pensamientos ansiosos probablemente caigan en este campo. En tales casos, es importante sintonizar sus emociones. Preocuparse le ayuda a evitar emociones desagradables.

Cuando se preocupa, está pensando en cómo resolver el acertijo en lugar de permitirse sentir las emociones subyacentes. Pero no puede alejar sus emociones. Mientras se está preocupando, sus sentimientos son temporalmente reprimidos, pero cuando para, vuelven. Y luego, comienza a preocuparse por sus sentimientos: "¿Qué pasa conmigo? ¡No debería sentirme así!

Abrace sus sentimientos

Parece aterrador al principio abrazar sus sentimientos de ansiedad debido a sus creencias negativas sobre ellos. Siempre creemos que debemos ser constantemente racionales y estar a cargo de sus sentimientos. Usted no debe sentir emociones negativas como el enojo, el miedo, el resentimiento, etc.

Sin embargo, las emociones son como la vida desordenada. No siempre son agradables ni tienen sentido. Sin embargo, sentirse positivo o negativo es parte de nuestro ser humano. Tiene que aceptar que son normales. Usted puede experimentarlos sin sentirse realmente agobiado y puede manejarlos para su propio beneficio.

Regla # 3: Desafíe sus pensamientos ansiosos

Una vez que sufre de preocupaciones y ansiedad crónica, hay una gran tendencia a que su perspectiva de la vida sea negativa y el mundo le puede parecer más peligroso de lo que es. Cada vez que sobreestima la posibilidad de que las cosas cambien en sus peores escenarios, también desacreditará su capacidad para manejar el problema de la vida y asumir que siempre caerá en la primera señal de problemas. Esta actitud suya es reconocida como distorsiones cognitivas.

Las distorsiones cognitivas son parte de patrones de pensamiento que durante mucho tiempo se acumularon en su pensamiento y que se volvieron automáticos en el sentido de que ni siquiera se da cuenta de ellos. Para romper con estos hábitos de pensamiento negativo, debe volver a entrenar su cerebro para detener la preocupación y la ansiedad que trae a su cerebro. Aunque las distorsiones cognitivas no son reales, no es fácil renunciar a ellas.

Puede comenzar por identificar un pensamiento aterrador e intentar ser lo más detallado posible en cuanto a las cosas que l3 asustan o le causan preocupaciones. En lugar de tomar estos pensamientos como hechos, veanlos como meras hipótesis que necesitan más pruebas. A medida que examine y desafíe sus preocupaciones y temores, pronto desarrollará una perspectiva más equilibrada.

Cuestione el pensamiento ansioso

- ¿Cuál es la prueba de que el pensamiento es correcto? ¿O no está bien?

- ¿Hay alguna otra manera de ver la situación en una perspectiva más realista y positiva?

- ¿Cuál es la probabilidad de que sucede lo que le asusta? Si la posibilidad es baja, ¿Cuáles son los resultados probables?

- ¿Es útil el pensamiento? ¿La preocupación le ayudará o le hará daño?

- ¿Cómo puedo simpatizar con un amigo que está preocupado?

-

Las distorsiones cognitivas que agregan más a la ansiedad, el estrés y la preocupación

Pensamiento de todo-o-nada

Cuando sempre tiende a mirar las cosas en blanco y negro. Es decir, piensa así: "Soy un fracaso total una vez que no estoy a la altura de las expectativas de los demás".

Exceso de generalización

A partir de una única experiencia traumática o negativa, usted supone que las cosas sucederán como pasaron. Ejemplo: No pasé la prueba. Incluso si hago otra, voy a fallar de nuevo".

El filtro mental

Tiende a enfocarse en los pensamientos negativos mientras trata de bloquear todos los aspectos positivos. Puede notar fácilmente el negativo de los cientos de positivos porque la mente filtra los positivos.

Disminuyendo lo positivo

Se le ocurren fácilmente motivos cuando la cosa no responde a las expectativas como: "Me fue bien en el examen, pero parece que no soy el favorito del supervisor".

Saltando a las conclusiones

Usted es rápido para hacer interpretaciones equivocadas y juicio en la ausencia de evidencia. Puede actuar como un lector de mentes o un adivino.

Catastrofismo

Siempre está esperando la ocurrencia del peor de los casos.

Razonamiento emocional

Usted cree que la forma en que se siente refleja la realidad.

Etiquetado

Usted se etiqueta a sí mismo basado en los errores y también las deficiencias percibidas.

Debería y no debería

Usted se está vinculando a un conjunto de reglas estrictas de lo que debe hacer y lo que no debe hacer. De la misma manera, se impondrá una penalización si no sigue esta estricta regla.

Personalización

Usted asume la responsabilidad de cosas y situaciones que escapan a su control. Ejemplo: "¡es por mí culpa que murió!"

Regla # 4 - Acepte la incertidumbre

Cuando tiene esta incapacidad para tolerar la incertidumbre, es probable que le lleve a preocupaciones y ansiedades. Los que se preocupan crónicamente no soportan la imprevisibilidad ni las dudas. Es por eso que tienden a complacerse en sus pensamientos y sentimientos de ansiedad. Se sienten más seguros al preocuparse, pero la sensación de seguridad es solo una ilusión. Para ellos, ven preocuparse como una forma de predecir lo que está instalado para el futuro. Estas son sus maneras de evitar sorpresas desagradables para que puedan controlar el resultado. Sin embargo, el problema está en el hecho de que eso no funciona.

Cuando usted piensa en lo que está por venir, no hace que la vida sea predecible. Centrarse en los peores escenarios no evitará que sucedan, pero seguramente le impedirá disfrutar de la vida en el momento presente. Por lo tanto, si quiere dejar de preocuparse, comience a combatir su necesidad de certeza y soluciones inmediatas.

Acepte la incertidumbre

Aceptar la incertidumbre es la clave para el alivio de la ansiedad y para poder comprender los problemas de negarse a aceptar la incertidumbre en las cosas o situaciones. Guíese con las siguientes preguntas y no olvide anotar sus respuestas.

- ¿Hay certeza en todo sobre la vida?
- Si intenta ponderar la certeza contra la incertidumbre, ¿de qué manera le resultan útiles?
- ¿Cree que es razonable hacer predicciones sobre cosas malas por incertidumbre?
- ¿Cómo evaluaría la posibilidad de resultados positivos o neutrales?

Regla # 5 - Sea consciente de los demás

Cómo se siente se ve afectado por su entorno, especialmente por el tipo de personas con las que está en contacto, ya sea que lo sepa o no.

Los estudios demuestran que las emociones son contagiosas ya que pueden afectar a los demás. Observe que rápidamente podemos captar "estados de ánimo" el uno del otro, incluso de un completo desconocido que acabamos de conocer en el camino y que probablemente nunca volvería a ver. Las personas con las que usted pasa mucho tiempo tendrán más impacto en su mente y su estado emocional.

Mantenga un diario de preocupaciones

Puede que no esté consciente de cómo las situaciones y las personas le están afectando. Podría ser que esta es la escena habitual que ocurre en su hogar. Ahora, para realizar un seguimiento de las cosas y situaciones y cómo le afectan mucho con respecto a la preocupación, comience a anotar notas cada vez que comience a preocuparse. Anote los pensamientos y vea lo que los desencadenó. Finalmente, se dará cuenta de que de alguna manera hay un patrón.

Pase menos tiempo con aquellos que le traen ansiedad

Si hay alguien en su vida que parece que le trae mucho estrés en la vida, comience a reducir el tiempo que pasa con la persona. También puede sugerir establecer límites más saludables. Por ejemplo, intente establecer ciertos temas que están fuera de los límites.

Conocemos los tipos de temas que generalmente desencadenan nuestra sensación de ansiedad.

Elija con cuidado a las personas en las que confía

Cuando esté preocupado por algo y desee compartir sus pensamientos y sentimientos de ansiedad con otros, elija cuidadosamente a la persona a quién usted pueda confiar estas cosas. Algunas personas pueden ayudar con la introducción de perspectivas positivas. Sin embargo, otras simplemente alimentarán más sus preocupaciones, miedos y dudas. Al final, usted estará más preocupado de lo que era antes de que se confíe con este tipo de personalidad.

Regla # 6 - Ejercite su atención plena

Enfóquese en el futuro: lo que podría sucederle si lo hace o no, o si sucede algo que de alguna manera está esperando.

La técnica de meditación de atención plena puede ayudar a aliviar la tensión creada por la ansiedad y ayudarle a liberarse de sus preocupaciones mientras vuelve su atención al momento presente.

En contraste con lo que hemos abordado anteriormente para desafiar sus pensamientos ansiosos y programarlos para un tiempo libre de preocupaciones, esta técnica de meditación alienta a observar sus pensamientos y sentimientos de ansiedad y dejarlos ir sin ningún juicio. Esto puede ayudarle a determinar dónde su pensamiento le está causando problemas mientras lo ayuda a conectarse con sus emociones.

Reconozca y observe

No controle, ignore ni combata estos pensamientos y sentimientos de ansiedad. En lugar de eso, simplemente obsérvelos como si provinieran del exterior sin tener algunas reacciones y juicios sobre lo que ven en el presente.

Manténgase enfocado en el presente

Usted puede prestar atención a cómo se siente su cuerpo, su respiración y sus pensamientos y emociones en constante cambio que se extienden a lo largo de su pensamiento.

Con la meditación de la atención plena, permanecer en el momento presente es un concepto básico, sin embargo, se requiere largos años de práctica antes de poder cosechar los beneficios. Mientras todavía comienza con sus ejercicios, notará cómo su mente puede deambular fácilmente.

Se sentirá frustrado cuando su mente se ocupe de sus preocupaciones. En lugar de frustrarse, cada vez, vuelva a enfocarse en el presente. De esta forma, está reforzando un nuevo hábito mental que le ayudará a eliminar los pensamientos negativos y ansiosos y le ayudará a liberarse de las preocupaciones negativas.

CAPÍTULO 5: ALIMENTOS PARA AYUDARLE A VENCER LA ANSIEDAD

Hay muchos alimentos que pueden reducir o controlar los síntomas de ansiedad y hay otros que pueden agravarlos o empeorarlos. Si bien un trastorno de ansiedad grave requiere medicación y terapia, los casos más leves deben manejarse con la dieta adecuada. Con algunas modificaciones en su estilo de vida y dieta, puede manejar la ansiedad de forma natural.

Los estudios han demostrado que hay ciertos alimentos con la capacidad de calmar sus sentidos e incluso pueden mejorar su estado de ánimo. Déjenos darle algunos consejos sobre cómo puede ajustar su dieta con estos alimentos.

Involucrar a los alimentos ricos en ácidos grasos Omega-3

Los ácidos grasos Omega-3 no solo combaten la inflamación sino que también pueden mejorar su estado de ánimo, permitiéndole sobrellevar el estrés. Además, también pueden ayudarle a combatir los hábitos de abuso de sustancias que generalmente comienzan debido a problemas de estrés y ansiedad.

Los ácidos grasos Omega-3 son precursores en productos del mar como el salmón, la ostra, el atún y la caballa. También puede obtenerlos del aguacate, semillas de chía, soja, espinacas, nueces y aceite de oliva.

Incluya una cantidad saludable de carbohidratos complejos

Estos alimentos pueden aumentar el nivel de serotonina en el cerebro que es responsable de equilibrar nuestro estado de ánimo. Tener altos niveles de serotonina instigue un efecto calmante en una persona.

En comparación con los carbohidratos simples o refinados, los carbohidratos complejos contienen mayores cantidades de vitaminas, minerales y fibra. Se pueden encontrar en alimentos como la avena integral, arroz integral, pasta, pan integral, quinua, papas, batatas, maíz, lentejas e incluso vegetales verdes.

Opte por el té de manzanilla

Según los estudios, el té de manzanilla puede ayudar a reducir los síntomas de ansiedad. Tome 3-4 tazas al día para obtener resultados adecuados. Como la manzanilla tiene propiedades calmantes, también puede intentar usarla a través de ungüentos, extractos líquidos y suplementos.

Los alimentos para el consumidor con alto contenido de triptófano

El triptófano es un aminoácido importante en nuestra dieta. Nuestros cuerpos no pueden crearlo. Por lo tanto, lo tomamos a través de la comida que consumimos. Este ácido es un antecedente de la serotonina, un neurotransmisor que trabaja para equilibrar el estado de ánimo de una persona. Además, el triptófano promueve un mejor sueño, disminuyendo los niveles de ansiedad.

Los alimentos ricos en triptófano incluyen productos de soja, tofu, huevos, leche, queso, mantequilla de maní, semillas de calabaza, semillas de sésamo, maní, nueces, pavo, pollo y pescado. Para que estos alimentos sean más efectivos, prepárelos con ingredientes ricos en carbohidratos complejos. De esta forma, los carbohidratos hacen que el triptófano sea más accesible en el cerebro para generar serotonina.

Coma alimentos ricos en vitamina B

Las vitaminas B, más específicamente B1 y B12, pueden combatir la ansiedad al activar la producción de serotonina en su cerebro. Puede encontrar varias vitaminas B en alimentos como productos de aves de corral, productos lácteos, cereales enriquecidos, cereales, verduras de hojas oscuras, carne y pescado.

Los vegetarianos y las personas mayores corren un alto riesgo de deficiencia de vitamina B, haciéndoles vulnerables a los síntomas de ansiedad. Para esto, puede ser necesario tomar suplementos de vitamina B.

Incorpore proteína en su desayuno

El desayuno es la comida más importante del día. Es la fuente de energía que puede combatir los efectos de la ansiedad durante el día. Un desayuno rico en proteínas puede ayudarle a sentirse satisfecho durante todo el día y a controlar sus niveles de azúcar.

La carne magra, el yogur griego, el requesón, la leche, los huevos, el tofu, la proteína de suero de leche, los frijoles blancos, las lentejas secas, el atún, el salmón, el fletán, las anchoas y las sardinas son alimentos ricos en proteínas.

Este hidratado

La deshidratación puede influir en gran medida en su estado de ánimo y en su equilibrio energético. Beba cantidades adecuadas de líquidos claros. Tomar 8 vasos o 2 litros de agua es una buena regla para mantenerse hidratado durante todo el día.

Las comidas que se deben evitar

Hay alimentos que usted debe evitar ya que exacerban la ansiedad. Las siguientes son maneras de evitar la ansiedad a través de los alimentos que consume.

Reduzca la cantidad de grasas Omega-6

Las grasas omega-6, que en gran parte se toman de los vegetales, pueden aumentar el riesgo de inflamación en el cerebro y se han asociado con desequilibrios en los estados de ánimo.

Las fuentes más comunes de estas grasas incluyen el aceite de maíz, de sésamo, de soja y de cártamo. Intente usar aceite de oliva o de canola en su preparación de alimentos en lugar de aceites ricos en grasas Omega-6.

Evite el alcohol

Incluso si usted cree que el alcohol tiene un efecto calmante inmediato y es bueno para su ansiedad, el proceso de metabolizar el alcohol sólo lo llevará a sentirse nervioso. También interferirá con su patrón de sueño.

El alcohol muestra causar ansiedad o ataques de pánico.

La cantidad máxima permisible de alcohol que puede consumir es de un vaso al día para las mujeres y el doble de esta cantidad para los hombres. Se estima que un solo vaso mide aproximadamente 12 oz. de cerveza (aproximadamente un ½ litro) o aproximadamente 5 oz. de vino. Pero renunciar al alcohol no es fácil, y valdría la pena antes de que uno pueda renunciar por completo para ayudar a controlar los problemas de ansiedad.

Reduzca la cafeína

La cafeína tiene un efecto estimulante que puede tomar hasta ocho horas antes de que desaparezca. Además de hacerle sentir nervioso, la cafeína puede interferir con sus horas de descanso.

Similar al alcohol, la cafeína, que se encuentra comúnmente en el café y el té, también desencadena ataques de pánico y ansiedad. También se encuentra en algunas bebidas energéticas, bebidas deportivas y otros suplementos. Así que mejor quedarse con café y té descafeinado para reducir los síntomas de ansiedad.

Evite los carbohidratos simples y los azúcares

Se dice que los azúcares simples y los carbohidratos refinados tienen efectos negativos sobre la energía, el estado de ánimo y la ansiedad. Intente minimizar la ingesta de los siguientes alimentos tanto como sea posible.

Estos tipos de alimentos incluyen golosinas dulces, pasteles y alimentos cocinados con harina blanca como pasta y pan blanco.

Maneje las sensibilidades de los alimentos

Hay algunos alimentos y aditivos que son perjudiciales para las personas con sensibilidad a ellos.

Las personas afectadas pueden experimentar cambios de humor, ansiedad e irritabilidad al consumir alimentos a los que tienen alergias.

Los irritantes más comunes podrían ser la soja, los huevos, el pollo, el tabaco, el trigo y el azúcar.

Incorpore otras actividades para controlar su ansiedad de forma natural

Tome suplementos

Hay suplementos a base de hierbas que tienen propiedades similares a las ansiolíticas naturales. Sin embargo, antes de agregar suplementos de hierbas a su dieta, asegúrese de consultar a su médico sobre esto para asegurarse de que sean seguros y apropiados para usted.

Podría tener alergias a algunos de los componentes de un determinado suplemento herbal.

Tome nota de los siguientes beneficios que puede obtener al tomar suplementos extraídos de hierbas y otras plantas.

Extracto de Pasiflora - Se descubrió que el extracto de pasiflora podría disminuir la ansiedad general.

Raíz de la valeriana - Según algunos estudios, el extracto de raíz de la valeriana produce un efecto sedante y por eso se usa para ayudar a una persona con problemas para dormir. Otros estudios demuestran que también puede ayudar a controlar el estrés y la ansiedad.

Bálsamo de limón - El bálsamo de limón puede reducir el estrés y la ansiedad, pero si tiene hipertiroidismo, lo mejor es evitarlo.

El ejercicio

Con el ejercicio regular, usted puede controlar su ansiedad ya que los estudios han demostrado que los ejercicios tienen un efecto positivo inmediato y duradero sobre la ansiedad.

Las recientes pautas de salud del gobierno de los EE. UU. recomendaron al menos 2 ½ horas de entrenamiento físico de intensidad moderada para adultos, como caminar a paso rápido en una semana y 1 ¼ horas de actividad vigorosa, incluyendo natación y trotar. Puede hacer una combinación de ambos para una mejor salud.

Se necesita un régimen de ejercicio regular para ayudarle a enfrentar el bombardeo de problemas de ansiedad y estrés relacionados con el trabajo. Si ya tiene uno, entonces es bueno y sigua así. Pero para otros que aún no han comenzado, estos son algunos consejos para seguir adelante.

- Haga footing o bicicleta, camine o baile de tres a cinco veces en una semana durante treinta minutos.

- En lugar de intentar hacer entrenamientos perfectos, intente establecer objetivos pequeños y apunte a la coherencia diaria. Caminar 15-20 minutos por día es mejor que esperar hasta el próximo fin de semana para un maratón de tres horas. Los estudios científicos sugieren que la frecuencia es más importante.

- Elija una forma de ejercicios que sean divertidos para usted. Las personas extrovertidas a menudo eligen clases grupales y actividades grupales, mientras que los introvertidos a menudo eligen actividades solitarias.

- Muchas personas disfrutan haciendo ejercicios mientras escuchan música. Descargue audiolibros, música o podcasts a través de un iPod u otro dispositivo multimedia para distraerse.

- Sería más agradable para usted si pudiese encontrar un compañero de ejercicio para entrenar juntos. En la mayoría de los casos, es más fácil cumplir con su régimen de ejercicio cuando lo está haciendo con un compañero.

- Sea paciente mientras haga sus ejercicios. Si usted es del tipo sedentario, es normal que tome de 4 a 8 semanas para adaptarse y sentirse coordinado y cómodo con sus actividades.

Consejos de ejercicios para el clima frío

El clima frío no debe impedir que realice su régimen de ejercicio regular y aquí hay consejos para ayudarle a pasar el frío.

- Vístase en capas para su ejercicio, y puede quitarlas a medida que comienza a sudar. Puede volver a poner sus capas fácilmente cuando sea necesario.

- Asegúrese de proteger sus manos, pies y orejas. Use suficiente cobertura como guantes de mano, cintas para la cabeza y calcetines para evitar las congelaciones.

- Siempre preste atención a las condiciones climáticas. Los fríos del viento y la lluvia pueden hacerle vulnerable a los resfriados. Si la temperatura es inferior a cero grados y la sensación térmica es fuerte, considere tomar un descanso de su actividad física y en su lugar busque una actividad en el interior.

- Elija ropa adecuada. Como oscurece antes durante el invierno, asegúrese de usar ropa reflectante y use calzado con suficiente tracción para evitar caídas en el hielo o la nieve.

- Además, recuerde traer su crema de sol. Puede quemarse fácilmente en invierno tal como en verano, así que siempre tenga en cuenta el SPF.

- Además, planifique su ruta y asegúrese de que el viento esté en su espalda hacia el final de su entrenamiento para evitar que se enfríe después de hacer ejercicio.

- Hidrate su cuerpo. A veces es difícil notar los síntomas de la deshidratación en climas fríos, así que beba más agua o líquidos refrescantes antes, durante y después del ejercicio, incluso cuando no tenga sed.

- Conozca los signos de congelaciones e hipotermia. Si ve algunos primeros signos, busque ayuda inmediatamente para evitar congelaciones e hipotermia.

Duerma lo suficiente

Cuando experimenta estrés o niveles más altos de ansiedad que su cuerpo necesita, eso significa que necesita dormir y descansar más. Es muy recomendable que obtenga hasta 7-9 horas de sueño cada noche.

Para poder cumplir con la cantidad de sueño requerida, siga estos consejos:

- Acuéstese y levántese temprano. Usted puede sentir su cuerpo más vigorizado cuando duerme lo suficiente por la noche y se despierta para un comienzo temprano.

- Apague todas las luces y dispositivos electrónicos antes de acostarse. Se sabe que los dispositivos electrónicos liberaran campos electromagnéticos que tienen efectos negativos en nuestro cuerpo. Para liberarlos, necesita bañarse, caminar descalzo en el suelo y conectarse con la naturaleza. También es mejor si puede dejar sus dispositivos electrónicos fuera de su habitación.

Visite a su médico

El trastorno de ansiedad generalizada o la ansiedad simple a veces requiere la intervención de médicos a través de un tratamiento y una evaluación adicional fuera del cambio en el estilo de vida de la dieta. Consulte a su médico o a los expertos profesionales en salud mental una vez que los síntomas de ansiedad se vuelvan severos y una vez que le causen mucho estrés e interfieren con su vida diaria. Los síntomas comunes de ansiedad incluyen los ataques de pánico, el aumento del ritmo cardíaco, nerviosismo, sudoración, dificultad para concentrarse y temblores. Para un tipo de ansiedad más grave que puede requerir tratamiento médico, los síntomas incluyen los intentos suicidas y sentir constantemente que las preocupaciones están interfiriendo con su trabajo y su vida diaria.

Conclusión

Controlar su mente y liberar todo su poder al reconfigurar sus pensamientos de ansiedad y cambiar a un estilo de vida dietético eficaz le ayudará a reducir los ataques de pánico, el miedo, las preocupaciones y otros síntomas relacionados con la ansiedad e incluso a prevenir su aparición

No es fácil controlar una mente ansiosa. Usted necesita hacer muchos ejercicios de meditación para combatir su ansiedad. Ahora que usted es consciente de cómo funciona una mente ansiosa y que puede hacer algo no solo para controlarla sino para liberar todo su poder para calmar pensamientos y emociones inestables, ya es hora de que comience a actuar sobre ella.

Vivir con pensamientos y emociones problemáticos

puede privarle de una vida feliz y exitosa, y a menos que tome el control de su mente ansiosa, la ansiedad continuará tomando el control total de usted. ¡Use el poder de su mente ansiosa para dirigir su ansiedad y hacer que funcione para su beneficio AHORA!

Últimas palabras

¡Gracias nuevamente por comprar este libro! Realmente espero que este libro pueda ayudarle. El siguiente paso es que se una a nuestro boletín informativo por correo electrónico para recibir actualizaciones sobre cualquier próximo lanzamiento o promoción de un nuevo libro.

¡Usted puede registrarse de forma gratuita y, como beneficio adicional, también recibirá nuestro libro *"Errores de salud y de entrenamiento físico que no sabe que está cometiendo"*, completamente gratis."! Este libro analiza muchos de los errores de entrenamiento físico más comunes y desmitifica muchas de las complejidades y la ciencia de ponerse en forma. ¡Tener todo este conocimiento y ciencia de la actividad física organizados en un libro paso a paso le ayudará a comenzar en la dirección correcta en su viaje de entrenamiento!Para unirse a nuestro boletín gratuito por correo electrónico y tomar su libro gratis, visite el enlace y regístrese: www.hmwpublishing.com/gift

Finalmente, si usted ha disfrutado este libro, me gustaría pedirle un favor. ¿Sería tan amable de dejar una reseña para este libro? ¡Podría ser muy apreciado!

¡Gracias y mucha suerte!

Sobre el co-autor

Mi nombre es George Kaplo; Soy un entrenador personal certificado de Montreal, Canadá. Comenzaré diciendo que no soy el hombre más grande que conocerá y este nunca ha sido mi objetivo. De hecho, comencé a entrenar para superar mi mayor inseguridad cuando era más joven, que era mi autoconfianza. Esto se debió a mi altura que medía sólo 5 pies y 5 pulgadas (168 cm), me empujó hacia abajo para intentar cualquier cosa que siempre quise lograr en la vida. Puede que usted esté pasando por algunos desafíos en este momento, o simplemente puede querer ponerse en forma, y ciertamente puedo relacionarme.

Después de mucho trabajo, estudios e innumerables pruebas y errores, algunas personas comenzaron a notar cómo me estaba poniendo más en forma y cómo comenzaba a interesarme mucho por el tema. Esto hizo que muchos amigos y caras nuevas vinieran a verme y me pidieran consejos de entrenamiento. Al principio, parecía extraño cuando la gente me pedía que los ayudara a ponerse en forma. Pero lo que me mantuvo en marcha fue cuando comenzaron a ver cambios en su propio cuerpo y me dijeron que era la primera vez que veían resultados reales. A partir de ahí, más personas siguieron viniendo a mí, y me hizo darme cuenta después de tanto leer y estudiar en este campo que me ayudó pero también me permitió ayudar a otros. Ahora soy un entrenador personal certificado y he entrenado a muchos clientes que han logrado conseguir resultados sorprendentes.

Hoy, mi hermano Alex Kaplo (también Entrenador Personal Certificado) y yo somos dueños y operadores de esta empresa editorial, donde traemos autores apasionados y expertos para escribir sobre temas de salud y ejercicio. También tenemos un sitio web de ejercicios en línea llamado "HelpMeWorkout.com" y me gustaría conectarme con usted invitándole a visitar el sitio web en la página siguiente y registrarse en nuestro boletín electrónico (incluso obtendrá un libro gratis).

Por último, si usted está en la posición en la que estuve una vez y quiere orientación, no lo dude y pregúnteme ... ¡Estaré allí para ayudarle!

Su amigo y entrenador,

George Kaplo
Entrenador Personal Certificado

Consigua otro libro gratis

Quiero darle las gracias por comprar este libro y ofrecerle otro libro (largo y valioso como este libro), "Errores de salud y de entrenamiento físico que no sabe que está cometiendo", completamente gratis.

Visite el enlace siguiente para registrarse y recibirlo: www.hmwpublishing.com/gift

En este libro, voy a desglosar los errores más comunes de salud y de entrenamiento físico que probablemente usted esté cometiendo en este momento, y le revelaré cómo puede llegar fácilmente a la mejor forma de su vida.

Además de este valioso regalo, también tendrá la oportunidad de obtener nuestros nuevos libros de forma gratuita, participar en sorteos y recibir otros correos electrónicos de mi parte. De nuevo, visite el enlace para registrarse: **www.hmwpublishing.com/gift**

Copyright 2018 de HMW Publishing - Todos los derechos reservados.

Este documento de HMW Publishing, propiedad de la compañía A & G Direct Inc, está orientado a proporcionar información exacta y confiable con respecto al tema y el tema cubierto. La publicación se vende con la idea de que el editor no está obligado a prestar servicios calificados, oficialmente autorizados o de otro modo calificados. Si es necesario un consejo, legal o profesional, se debe ordenar a un individuo practicado en la profesión.

De una Declaración de Principios que fue aceptada y aprobada por igual por un Comité del American Bar Association y un Comité de Editores y Asociaciones. De ninguna manera es legal reproducir, duplicar o transmitir cualquier parte de este documento en forma electrónica o impresa. La grabación de esta publicación está estrictamente prohibida, y no se permite el almacenamiento de este documento a menos que cuente con el permiso por escrito del editor. Todos los derechos reservados.

La información provista en este documento se afirma que es veraz y coherente, en el sentido de que cualquier responsabilidad, en términos de falta de atención o de otro tipo, por el uso o abuso de cualquier política, proceso o dirección contenida en el mismo es responsabilidad absoluta y exclusiva del lector receptor. Bajo ninguna circunstancia se responsabilizará o responsabilizará legalmente al editor por cualquier reparación, daño o pérdida monetaria debido a la información contenida en este documento, ya sea directa o indirectamente. La información en este documento se ofrece únicamente con fines informativos, y es universal como tal. La presentación de la información es sin contrato o con algún tipo de garantía garantizada.

Las marcas comerciales que se utilizan son sin consentimiento, y la publicación de la marca comercial es sin el permiso o el respaldo del propietario de la marca comercial. Todas las marcas comerciales y marcas dentro de este libro son sólo para fines de aclaración y pertenecen a los propios propietarios, no están afiliados a este documento.

Para más libros visite:
HMWPublishing.com

www.ingramcontent.com/pod-product-compliance
Lightning Source LLC
Chambersburg PA
CBHW070935080526
44589CB00013B/1522